무심코 나팔꽃

이윤 시집

문학의전당 시인선
0266

무심코 나팔꽃

이윤 시집

문학의전당

시인의 말

창에 드리워진 분홍무늬 커튼을 바라보면서
난 자꾸 분홍빛이 되고 싶었는지도…….

눈에 보이는 것이 우선이었기에
눈으로 익힌 사물들이 차츰 보이는 색깔로 나타났다.

미약한 이력의 줄 칸에는 공백이 더 많았다고 하자.
이제 더 큰 공백을 비우기 위해 선명한 분홍 칠을 해야지.

안녕, 오래도록 힘들었지?
나의 시들아!

2017년 여름
이윤

차례

제2부

제3부

제4부

제1부

가을 창문

금 간 유리창에 고추잠자리가 입맞춤한다
안을 들여다보던 그림자가 우물쭈물하고 있다
세상은 창문으로 다 볼 수 없었고
유리창 밖에서 일어나는 일들은 생각보다 복잡했다

안개비에는 모서리가 없다
세월은 여러 토막으로 끊어지고
손때가 닳은 저녁이 어스름 볕에 깎인다
살아있는 것들은 모두 창 앞으로 몰려온다!
창밖에는 새로 돋아난 달이 몸을 비비고 있다

어둠이 몸을 들이미는 시간
창 앞에 오래 서 있어 본 사람들은
가슴속에 저마다의 무늬를 가진다
접촉 불량의 창문은
와장창 깨지는 소리를 키우고 있다
금 간 유리창에 얼굴을 갖다 대면
오늘과 내일을 모르는 사람처럼 등을 돌린다

비망록
—건망증세 우문숙 씨

2002년 집에 들어온 생명의 전화부 첫 페이지에 방 세 개 보일러에 딸 방 두 개 중 한 개 차단. 거실 피아노 앞 중간까지 화살표. 안방 창 쪽 침대 방문에 아들 책상까지 차단. 부엌은 동그라미 새 겹이다. 시조부 기일 날 찾아든 제비 한 마리도 그려졌다. 글자들이 또박또박 걸어 나오다가 눈에 박히다가 줄장미 핀 오월은 난방 가동 중지라고 붉게

음력 섣달 시모 기일 시누이들 눈빛은 동백꽃이었다. 외출 버튼 하나 켜지면 재래시장 승문 내 집 떡 두 대 주문된다. 제사상이 봉긋봉긋해진다. 붉은 선 그인 날 우문숙 씨 발걸음 발걸음마다 저만큼씩 부풀던 죄, 다녀간 기억들은 한 방향으로만 풀썩거리지 못한다. 버리지 못한 비망록은 수직으로만 자라 더 작아지고

한 칸 방이 그를 불러들인 날, 발 시린 우문숙 씨 망각 속을 둥둥 떠다닌다. 비눗방울 같은 아이들의 웃음소리가 이 풍진 세상 속으로 밀려간 지금, 오징어처럼 말라버린 시간이 깨어 흐릿한 얼굴로 마주친다. 흐를 대로 흐르다가 비켜서 가는 아아, 그는

내성

갈비뼈 안쪽이 캄캄해진다. 나는 빗나간 당신을 생각한다. 오후 4시의 태양은 공사 중인 여성병원의 분양가를 핥고 있다. 이 병동은 또다시 새로운 세균을 분양할 것이다. 나는 이제 당신을 생각하지 않는다.

낮게 흐르는 물과 곤두박질치는 사람들 사이에서 당신은 파지 한 장으로 구겨져 있다. 거미처럼 흔들리는 발들이 공중에서 잠시 버둥거린다. 당신은 또 한 번 끝없이 떨어진다. 병원의 단단한 어깨 위로 황량한 벌판이 펼쳐진다. 어둠은 가장 깊고 부드러운 주머니를 벌린다. 희뿌연 하늘을 꾹꾹 눌러 담아두었는데 지렁이 같은 씨앗들이 슬금슬금 기어 나왔다. 병동 안에는 어디론가 분양된 태아들이 있고 형체를 알 수 없는 어둠이 수많은 잔발을 들이민다. 축축한 침대는 가려운지 허리를 접는다.

이 병원이 아직도 신비로운 것은 태어나지 않는 세균들이 있기 때문이다.

병마개

입구가 넓은 병이 있습니다
이 속에 촛불을 넣고 병마개를 닫습니다
병 속의 공기를 다 태우고 나면 촛불은 꺼집니다
이것이 법칙입니다
수업은 계속되었다
자, 다시 이 속에 떠도는 우리들의 어린 별을 넣어 봅시다

그리고 병마개가 닫힌다
하늘이 납작해진다
흔들리지 않는 바람이
길들여진 아이들의 솜사탕을 핥는다
바닥이 날 때까지
검은 구름들이
길이란 길을 모두 감춘다
다시 평화롭게 시든다
그러나 때로는 낯선 눈이, 어둠 속에서 빛난다

한 아이가 일어섰다

선생님, 저는 그 별에 꽃씨를 심어놓겠습니다
시간은 냉정했고 물관 속으로 흘러든 어린 것들은
그래도 자라났다
여러분들은 법칙과 모든 규칙적인 죽음을 믿습니까?
아닙니다 저는 성장을 믿습니다
갇힌 살 속으로 허공이 파고든다
신선한 산소가 터져 나온다
그것을 신호로
무한대의 압력이 병마개를 밀어낸다

이 모든 것에 동의한 병마개는
이제는 세상의 출구가 될 것이다

문 너머 나팔꽃

문현동* 안동네 벽화 마을에서
처음 만난 나팔꽃
꽃은 벽화를 따라 가다가 멈춰 서서
둥근 잎을 벌리며 물방울을 밀어내고 있다
목이 긴 산 45번지 일대의 골목
공터에 내다버린 폐기물들이 금 간 틈새로
깊숙이 묻어둔 전쟁 소리를 내고 있었다
지붕 위 폐타이어 속에서 졸고 있던 어린 고양이가
카메라를 들이대자 눈을 반짝인다
나팔꽃들이 불어낸 수많은 희망이 마른 꽃잎이 되어 풀썩
거리고
얼기설기 걸려 있던 빨래들이 제 그림자를 버리는 오후 4시
반짝이다 눈물이 될 것들은 모두 여기에 있는데
빛과 그늘의 경계를 비집고 나팔꽃 군단들이 떠났다
모두가 가버린 텅 빈 저녁 골목,
흩뿌려 놓은 실향의 노래가 창문틀을 타고 올라가
문 너머 가난한 발들의 귀를 적셔주고 있다

---

* 문현동: 문현동은 과거 부산의 사립문 역할을 하던 곳이며 '문 너머'라는 뜻을 가지고 있다.

봄 편지

오래된 살구꽃이 또 피었다 피어. 햇살이 아픈 잎들 몸 밖으로 밀어내면 머엉한 저는. 목마른 봄이 되어서야 다시 사랑의 말을 걸지요. 겨우내 숨차게 내려와 맞닿은 꽃들이 마구마구 연분홍 쪽지들을 보내요. 잔잔한 파장으로 제 속에 허공을 넓히던 담벼락 아래 냉이꽃이 피었네요. 살기 위해 저질렀던 싹이 파란 죄, 황량한 마음에 아픈 향기를 날리는 날 당신은 흰 꽃잎 한 장 그려 주셨네요. 가을 겨울 지나 이제야 뜨거운 눈물이 떨어져요. 어디로 흐르지 못해 막막한 가슴으로 정토사 굽이진 산길에 닿았습니다. 생의 가장 깊은 삼문(三門)* 모랫바닥에서 무거운 껍질 벗겨놓고 싶어요. 꽃잎 떨어져 다 마를 때까지 당신의 결 따라 따라가다가 버들강아지 솜털로 피어나는 봄날에 우리 만나요.

---

*삼문(三門): 밀양시 삼문동(삼각주, 물돌이동)을 말함.

페르시안 블루 입술

입술과 입술을 뗐을 때
페르시안 블루*만 선명했다

고향의 그 바닷가
그레이하운드 멍멍 버스에는
여름밤 별이 한 무리 쏟아지고 있었지
별들이 가지 끝에서
밤이슬을 빨아먹고 있을 때
하나둘 짝이 되어 사라진 배후에 남은
입술과 입술은 마주쳤고
밤이 다 지나도록 배 밑
두 몸은 얼어붙었지
새벽녘에 들이닥친 조각배 주인의 기침 소리
화들짝 마주친 얼굴은
푸르다가 푸르지 못해 시뻘건 입술만 봉곳
불온했던 이십 대의 청춘은
입술이 먼저 피고 말았다

쉰이 넘도록 남자는
그 입술을 몰아내지 못했다

---

*페르시안 블루: 이국적인 하늘의 빛깔.

흰 새

폐지를 수집하는 사내에게
노파의 입이 삿대질해댄다
고함이 온 동네를 가격하고
구겨진 욕설들이 등짐처럼 매달린 리어카 속에 포개진다
인도와 차도의 경계선에 꽂혀 있는 사내
그칠 리 없는 패악은
그의 모인 어깨를 깎아내리고 있다
사내는 고개를 떨구며
가판대 칸칸마다 노파를 구겨 넣는다
내동댕이쳐진 벼룩신문은 나달거리며 가슴을 떨고
바람은 건들건들 건물 모퉁이를 돌아오고 있다
대낮의 저 부푼 궁색 지치도록 반짝이면서
한쪽으로 휘몰아쳐 가는 사내의 발걸음,
끌고 가는 힘과 버티는 간격에도 휘어짐이 필요했다
길옆에 바짝 붙어 있던 질경이조차
흙 속에 그의 몸을 숨길 뿐
건물마다 기웃거리는 사내는
브레이크 닮은 몸이다

아무 상관없는 발걸음들은
보도블록 위를 가볍게 지나가고
노파의 욕설과 사내의 한숨 사이에
무거운 날개가 내려앉는다
낡은 리어카를 들여다보던 핏기 없는 낮달이
슬그머니 등을 돌리며 가는 저녁
동네 노란 담장마다 그어진 금들이
노파의 허리로 몰려들고 있다

청춘 병동

거기에는 교장 선생님, 치우 할아버지, 농부, 공무원, 시인, 소설가, 총각 처녀와 누군가의 아버지 어머니라는 이력을 달고 하얀 수염과 노란 머리칼과 창백한 아이들이 한곳에 누워 있다. 창밖은 벚꽃이 훨훨, 만개하지 못한 저승꽃 물끄러미 눈동자 굴린다.

한 생(生)이 비로 내렸다가 무지개로 피어오르는 중환자실 구석, 작은 여자가 배시시 웃고 있다. 먹는다는 건 아직 숨 쉴 수 있는 날이 더 길다는 걸까. 병이 병을 건드려 눈 젖는 아침. 안녕! 치우 할아버지 습관적 인사에 새근새근 빨간 덩굴장미 비상문 연다.

빈집

밀양 삼랑진 비탈길 귀신 나온다는 집은
여전히 낡았다
지금쯤, 늙은 허리를 곧게 편 채
흙 위에 눕는 꿈을 꾸어도 볼 텐데
세월을 받든 기둥의 무릎들에는
바람이 들고 있었다
쥐들이 넘나드는 틈새마다
봉분처럼 먼지가 쌓이고
쇠락한 터전에는 들꽃만 무성해
발 없는 새처럼 온종일 떠돌던
홀씨는 꺼진 길목으로 굴러가고 있다
보이지 않는 길에서 잠은 사라져
빈집의 부엌을 넘나드는 바람만이
쿨럭, 가래를 내뱉으며
사립문을 흔들고 있었다

내 이름은 황티센

이국(異國)서 온 여자들이
시를 읽는다
파도야 어저란 말이냐, 흐드리는 꽃을 읽는다
"이세에 이는 바라메도 나는 괴로우해따"
세상에서 가장 진한 그리움의 언어로
서시를 읽는 황티센 따이
저절로 눈물이 난다

내 이름은 황티센
아빠는 나를 보고 (파란)이라고 부르고
엄마는 나를 보고 (노란)이래요
아빠 따라 다니면 (하늘) 되고요
엄마 따라 다니면 (나비) 되지요

그녀가 처음 쓴 시에는 괄호 처방전

오월 덩굴장미꽃 끝에 매달린 빗방울 같은, 절박한 소망 한 줌 저버리면 안 된다는 어떤 결심을 녹이며, 통 카페에 솟구치는 저 이국 소리와 이제 우리는 윈윈이다. 작고 덜 자란 꽃잎이 시간을 발효시키듯, 살아가면서 또 하나의 귀한 맛 앞에 몸통 전체가 붉었다.

검은콩 요정

빨간 타이츠에 걸친
훌라후프 눈망울 두 개
목을 아래로 떨구며
미소를 한 잎 두 잎 돌린다
가랑이 사이로 보이는
중심은 배꼽, 전신이 공활이다
의자에 앉은 공
빨간 공, 튕기지 못한 공
공끼리도 적이 되는구나
목덜미 곧게 뻗은 외로움이
깊고 차구나
순간을 손끝으로 돌리며
적막을 가르는 검은 마스카라
올올이 반짝이구나
한쪽은 수평
한쪽은 수직으로
찰나를 가르는구나
부신 눈 시선 밖으로 폐허가 빛나구나

아슬아슬한 순간을 두 손으로 꼭 잡으며
선들이 하나 되는 수평선을 향하여

말 없는 공을 돌리고 돌리다
내리는 저 몸뚱어리

무진이

오래된 벽 누런 신문지 사이로
불거진 금 하나
그 틈새로
서슴서슴 아가미가 쏟는다
산 1번지 슬레이트 빈가에도 겨울은 오고
추위와 굶주림에 울던 아이들
깡마른 그 어미는 어디로 갔는지

1974년 그해, 태어나 처음 보았다
정지 간에 앉은 세 웅크림의 비애를
등하굣길 광산 중턱 언덕배기 집 가난을
어느새 우린 결심을 하고
호주머니 작은 동전을 모아
먹을거리 술래놀음으로 가슴 조렸던

고추잠자리 떼 지어 넘나들던 집
가까이 가지 말라고 해서 더 가고 싶었던
신기한 것이라도 본 것처럼

두 눈을 동그랗게 뜬 아이들
잿빛 깃털에게 우리는 촘촘히 호기심을 몰아주었다

먼 여정을 돌아
기차 소리에 실려 어디론지 가버린 사람들
내 짝꿍 무진이! 산등성 옛 그 집엔
상사화 꽃대 마른 줄기만
애타게 기울고 있었다

양조장 근처

밀양 월산리 술도가 옆에는 거지촌이 있었다
배고픈 아이들은 미리 술 취한 눈빛을
어른들 다리 사이로 우수수 떨구며
돌멩이질을 해댔다
욕을 하던 입 안은 메마른 우물처럼 갈라져 있고
내 책보자기 속에는 건네주지 못한
사탕이 바스락거렸다
여인숙의 입간판은 흐릿한 시선을 깔고
낡은 버스 정류장은
읍내의 조악한 풍경 속에 권태롭게 끼어 있다
거지 아이들은 술집 여급이 내주는 동냥밥에 코를 박으며
단단하게 뭉쳐져 있던 적개심을 풀었다
나는 추위에 엉겨 붙은 아이들은 볼 때마다
아버지의 군용 털 잠바가 생각났고
뒤돌아보던 나에게 더 이상의
돌멩이는 날아들지 않았다
그들도 내 마음을 알아차린 것일까
길옆 구절초가 무더기로 잔기침을 해댔다

도가지에 낀 술 찌꺼기 같은 기억들이
더듬거리며 낮은 골목을 찾아드는 저녁
품바를 함께 했던 그들은 어디로 갔을까
외지에서 온 손님들은 뜬구름처럼 지나갔다
등하굣길에는 누가 걸어두었는지
목구멍 같은 전등이 빤하게 들어와 있었다

이분법

묘비 두 개가 마주보고 서 있다

해골 속에 노을이 고봉으로 담긴다

시간은 해진 옷을 벗고

막막한 공간 안으로 푸르스름한 어둠이 들어선다

낯선 느낌이 전신을 휘감을 동안

내 머릿속에는 쇳조각들이 덜거덕거린다

내부를 들여다보면

한쪽은 별이고 한쪽은 그늘이다

찾아다니던 증거들은 먼 곳에서 반짝거리고

낳고 죽고 가고 옴에 어떤 변화도 없다

선악의 업보가 끊긴 쌓인 자리가

무덤처럼 봉긋하다

백주의 몸으로 살아있다는 것을 증명하며

바람 같은 육신이 지나가고 있다

옛집

내가 돌아왔을 때 기와집은
그 시간에도 조용히 낡아가고 있었다
끈질기게 침몰하며 굽은 허리를 접었고
더러 흙 위에 눕는 꿈을 꾸었다
지붕을 받들며 고집하고 있는 기둥들
거기서 우리는 오래 머물렀다
거미와 쥐들이 많은 틈바구니를 만들 때
부슬부슬 떨어지는 먼지의 관(冠)을 쓰고
우리는 함께 부서져 갔다
지붕 위에 잘게 부서진 햇빛은 아름다웠다
이 터전에 차라리 들꽃이나 무성하게 피게 하고
집 없는 바람에 온종일 떠돌게 하라
한때는 보이지 않는 길의 끝을 바라보며
하루가 길의 꺼진 쪽으로 굴러갔다
이제는 쓰러질 것 없는 빈집을
억센 대궁들이 에워싸고
짧은 가을날이 지나간다

제2부

기다림에 들다

저 비는 누구의 맨살 위에 온종일 꽃을 그리다 다시 지우고 잎을 매다는가. 빗방울이 만드는 헐거운 그림 꽃. 잘록해진 길바닥은 쓰러진 화병 같다. 오지 않는 순환버스여. 눈이 시어진다. 노닐다 서성대다, 누가 지금 이 빗속을 걸어오는가.

그녀가 섰던 자리에 밀봉된 그리움이 쏟아진다. 슬픈 목 하나가 툭 떨어진다. 웅덩이에 이는 파문(波紋)을 다 건너야 한다. 오지 않는 순환버스여. 가슴속에 물 주름 가득 안고 기다린다. 온몸이 귀가 되어 눈이 되어 빗방울처럼, 그녀는 지금 어디로 굴러가시려는가.

우포늪에서

친구는 바람이 되고 싶다고 했다
새벽 늪 길 따라 내밀한 전설을 담고 서 있는 단풍들
오른쪽 갈대밭을 따라
내 마음이 털털 쏟아져 내린다
물억새의 세찬 기운은 어디로 흘러내리는 것일까
물안개 모금모금 피어오른다
잠시 아득해져 서 있는 발목께로 꿈꾸듯이 감도는 기운
세월이 깊어지는 시간이 보이고
늪 속으로 사람들도 보인다
물살은 저들끼리 옹골찬 내밀음을 가지고 있다
물때 낀 마음 닦으러 떠나는 기러기 떼
우포늪의 갈대들이 쉬어 가라고 노래한다
발이 몹시 시렸던 그녀
달랑 사진 한 장만 남기고 떠났다
"내가 살아있어 내 슬픔은 아직 푸들푸들 살아있고"
세월이 지나도 끊이지 않고 들려오는
늪이 읊어대는 저 환한 독경 소리

장맛비

비는 땅 위에 젖은 몸을 슬며시 눕다
지붕과 지붕 사이에 그대 발소리만 더 떠다닌다
사람들은 한 음계씩 낮아진 체온을 점검하고
회복될 가망이 보이지 않는 소견서를 읽는다
모래가 된 피를 쏟아내며 낙타들이 고행을 하고 있다
그대의 찬 맨발에 억수 비는 그칠 줄 모르고
포플러를 적시던 적막이 큰소리로 뒤척인다
어둠에 닿지 못한 그대 눈물로
하얗게 바래지는 장다리꽃
무수한 빗방울들이 내 생의 바코드를 적신다
나는 아래로 끌려 내려가 땅 위에 입술을 댄다

외등(外燈)

발걸음이 멈췄던 순간
붉은 배롱매미 한 마리
와이요 와이요 그런다
초점 맞추고 째려봐도
시비다 반항이다
이건 내력이다
베란다 방충망에 붙어 염병을 떨면
터뜨리고 싶다
막내가 세상 태어나며 만들어준
갈비뼈 안의 섬 하나, 출렁
매미 소리에 발작을 일으킨다
아침이면 그렁그렁 목울대가 차오른다
어느 날 외과 의사가 들이대던 큰 주삿바늘에
연골 섬이 만들어졌다
울지도 못하며 몸 낮춰
여름 내내 소리 지르는 까닭
초라한 여름 밥상 앞에서
눈물 삼키며 울어야 했던 유년의 서러움

그때 집 뒤란 버드나무 가지에서 울어댔던
알전구 하나 박혀 있던 삶은
제 섬을 만들고도 스스로 고독해
헐거워진 생을 꿰매고 있는 중이다
하루해 좁아지는 저녁이면
사람 안에 연골 섬 하나 지어놓고
서 있는,

껌

입 안에서 씹히는 봄은 쫀득거린다
하얀 삐비꽃은 목젖을 간질이고
침을 받아들여 껌이 되는 순간
혀 위에는 한 덩이의 말랑거리는 우주가 굴러다닌다
껌은 여름을 견디기 위해 제 몸을 쭉쭉 늘어뜨린다
매미 울음은 극성스럽게 플라타너스에 달라붙고
지친 여름이 단물 빠진 껌처럼 질겅거린다
열대야로 뒤척이던 나뭇잎들은
여러 날의 불면을 보낸 뒤에
다른 색(色)을 받아들일 준비를 하고
시간은 서늘한 갈피 사이로 몸을 끼워 넣는다
아파트 담벼락 밑에 오종종 핀 싸리꽃
가을 하늘은 풍선껌처럼 둥글게 부풀고
풍선이 터지자 하얀 눈이 쏟아졌다
사계절의 이빨 자국을 모두 받아낸 껌은
딱딱한 공깃돌 되어
혀 위에서 끊임없이 굴러가고 있다

목백일홍

아흔아홉 개의 눈은 자고, 한 개의 눈만 떠서
백일을 버티던 꽃
끝과 끝을 말아 바짝 붙들고 있는 저 힘
동그라미 모양이 되어서는
안쪽은 바깥이 되고
바깥은 이제 안이 되려고 한다

봄 내내 기척이 없었던 너
몸에 걸친 것 하나 없이 내게로 오고 있다
만지기만 해도 간지럼을 탔을까
서 있는 나는 그저 부끄러울 뿐이고
울퉁불퉁 마른 세월 견디느라 옹이 진 몸
꽃빛이 한 잎 두 잎 스러져 간다

우화
—L시인께

리빙스턴데이지 꽃잎이 눈부시게 젖어드는 오후
그대는 해탈된 시간의 입속으로 걸어들어 왔습니다
걸어들어 오는 내내
내 슬픔이 사뿐히 패이고
취기가 오른 우리는
순결한 피로 섞였습니다

아직은 늦봄의 맨살이 아파지는 어둠 속입니다
어둠을 지키는
그대의 별
살아있는 것들이 뿜어내는 보랏빛 희망
젖은 땀들이 힘겨운 시간을 끌어 올립니다

옛날이었던가요?
꿈으로 가는 길 쉽게 밟지 못하고
물것들이 나를 떠나지 않던 날들이었습니다
이제는 거칠 것 없이
한 마리 흰 나비로 날아온 그대

내가 살아있는 것인지
툭툭 나의 껍질을 두드려 보며
하얗게 부스러진 생을 이어 가는 중입니다

오월을 스쳐가는 먼 詩에게

버찌 한 알 꼭 씹습니다
씁쓰레한 입속에 파도가 출렁입니다
햇살이 지나가는 적막한 대낮입니다
지나가는 햇빛을 엿보며 성큼성큼 걸어가던 시간이
유도화 잎 뒤에 숨습니다
보이지 않는 글도 보이는 길도 마구 뒤엉켜
머리끝이 새까맣게 솟구치는 오월,
햇빛은 아직 잃어버린 것이 없습니다
우물은 저 혼자 텅 비어 있습니다
작은 모래알이 반짝이고 그대는 보이지 않습니다
벌레 구멍 속으로 열두 마리 백조가 날아갑니다
집으로 가는 길
알 수 없는 암호가 반짝이며 내려오고
벚나무는 무심한 길을 하늘하늘
풀어주고 있습니다

가을비

머리카락 위로 밤비가 앉는다
똑. 똑. 똑. 손등에 빗방울이 떨어진다
길을 걸으며 나는 물의 건반을 두드린다
목백일홍 피어 있는 샛길로 첫사랑이 떠나고
놓쳐버린 기억들이 나와 함께 걷고 있다
허름한 술집에서 중년남자들이 기울이는 술잔에
뒷모습이 쓸쓸한 사람이 출렁이고
그는 낯익은 듯 내 곁을 떠돌다 가곤 했다
눈물 자국이 자꾸 재채기를 일으킨다
건조한 내 몸을 향해 들이치는 비바람
수천수만 개의 혀가 나를 핥는다
자동차들이 일렬로 주차한 곳을 지나자
오목하게 패인 그리움이 서 있다
절박하게 따라오던 가을비가 멈춰 선다

솔의 상처

신어산 발목에 흉터가 있다

캄캄한 적막의 입술이
귓가에 다가와 속삭인다
완전한 것은 어둠뿐, 그 속으로 내려가
마지막 門이 열렸을 때
보였다

의구한 시간 속에 영원히 멈추어 있는
그림자의 텅 빈 흔적이

예리한 피 조각이
삐걱대는 관절을 간신히 보듬고
우람하게 화합하는 공동의 역사 속으로
들어갔다

하지만 그대와 맞물릴 자리가 아득하다
시간이 누룩이 되었다

안전하게 가두어진 시간은, 오직 침묵이다
얼룩진 흔적과
어른들의 말씀만이 이 산을 알고
솔의 상처*를 알고 있을 뿐이다

---

*솔의 상처: 일제강점기에 소나무 송진을 채취하여 전쟁용 무기제작을 위한 에너지로 사용하기 위해 소나무에 상처를 낸 자국으로 지금도 큰 노송에 V자의 연속된 상처 흔을 볼 수 있음.

그늘을 가꾸는 남자

그는 파도에 떠밀려 왔다
세 식구를 껴안고 이곳으로 이주해 왔다
긴 어둠이 바닥까지 내려간 남자의 가슴엔
모래가 서걱거렸다
몇 번의 재난이 밀고 간 자리에는
시간의 혓바닥이 허옇게 갈라져 있었지만
그는 홀로 깨어 그늘을 가꾸기 시작했다
파도가 연둣빛 손톱을 내밀 때
그늘에서 솎아낸 싹들을 바닥으로 던지던 남자
모래는 소리를 내며 부스러졌고
봄은 환한 얼굴로 사무치는데
오늘도 그는 그늘을 가꾸고 있다

코끼리 두루마리 휴지를 말다

두두두 머릿속에 박히는 신음
너는 어느새 두루마리 휴지가 되어 있다
갈비뼈 연골에 염증이 도졌고
그렁그렁 눈물이 고였다
CCTV를 피해가며 비위를 맞추는 뱁새들 속에
네 갈비뼈는 숭숭 구멍이 났다
수십 번 창고를 드나드는 그 여름날의 코끼리 한 마리
유탈된 여자의 몸은 이미 수위를 벗어났다
보호받던 몸은 당신 곁에 살았던 기억뿐
어둠이 욕지거리로 밀려 나올 저녁이면
하루가 둘둘 말려 들어가고 있었다

파문 1

무엇인가 바닥에 닿을 때
물결이 인다는 걸
너는 알았다
선을 따라가는 것을
모르고 살았을 때
바람은 멀리서 불어왔다
누가 보았을까
간결한 몇 개의 선들이
깊고 긴 사물의 잠을 토닥이는 것을,
그것은 말하지 않아도 당당하게 빛나며
제 속의 불길을 가른 선들이
집으로 가는 길 위에
한 옥타브씩 낮아진 발걸음들이 와 닿는다
잠시 후 길은 지워지고
눈부시게 갈라진 틈 사이에서
자지러질 듯 웃음소리 빠져나간다

파문 2

바닥에 닿는 모든 소리엔
나선이 인다는 걸
어제도
오늘도
그 선을 따라 가고 있다는 걸
나는 너는
모르고 살았다

자귀꽃

비늘 되어 떨어지네
걸어온 길 뒤돌아보다
외눈으로 살아 몸부림쳤던
가을 겨울 봄 지나
바람 부는 날 저녁
붉게 물칠 되어 합해졌네
그대는 무지갯빛 바늘꽃
갈래갈래 실타래 엮어 드렸으면
아, 내 바람은 끝이 없지만
묵묵히 내려다보시던
따스한 눈빛
부끄러워
공중을 걷는 나,
나 어디로 흘러가는가
오늘 가는 길이 막막하다면
내일 우리는 어느 골목길 모퉁이서
서러워 울고 있을지 몰라
시루 꽃대 위에 꼭꼭 숨어

한세상 죄지으며 살지도 몰라

그래도 어쩔 수 없이

숨 막히는 순간에도

두 손 꼭 잡고 살고 싶구나

달의 무늬

달빛을 한 가닥씩 줍는 밤
겹겹 주름 위에 숨져가듯 꽃 피어나듯
일렁거리는 어지러움에 몸을 맡긴다
새하얀 환영들이 제 눈을 굴리고
나무들은 홍겨운 달빛을 주단처럼 깔고 있다
꽃송이의 속살이 환해지고
밤을 이토록 곱게 만들었던 너는
내 쪽으로 몸을 기울이며 다가온다
달은 어디에 이 많은 음과 비밀을 숨겨두었던 걸까
마주보는 전망이 눈부시게 다가오고
나는 가볍게 살고 싶었던 날들을 만져보았다
달 주위를 돌며 세상을 바라보았던 시간은
나를 불러내 작고 덜 자란 것들을 가르쳤다
상한 내 마음을 토닥여주는 저 달빛이
어느새 솟구친 문장 되어 온몸을 달군다

제3부

영남루에서

남천강을 휘돌아
대숲 지나
누각에 앉아 보니
삼문(三門)*의 모래알 조롱조롱
대추나무 골을 이루고
엉큼한 저 강물은 발등을 친다
오솔길 따라 가요
층계 위로 가요
어느새 앞질러 온 댕기머리 처녀
툭툭 전설을 토해낸다
철렁 경종을 울린다

아랑의 후예들아
어디 갔니?

---

*삼문(三門): 삼각주로 형성된 밀양시 삼문동을 말함.

송정리를 지나며

들머리엔 야생화 아장아장 앉혀 있다
하얀 지붕 위에 썰물이 지나가고
모세 현상 같은 갈림이 일어나
또 한 세대는 각인된다

마주 촘촘히 빛깔 낸 흙의 어우러짐
길바닥에 나동그라진 사금파리 하나 예사롭지 않다
세월 잊은 지 오래…….
도공(陶工)은 더 낮은 곳을 번대고 때리며
짓무른 도기에 만신창이가 된다
혼(魂)에도 땀이 흐른다

마른 풀들이 잔불로 그을린 논배미에
뜨겁게 밀어주던 우리의 한 시절
밥그릇들로 다시 만나야 한다
막걸리 더운 잔 배 밑으로 흘리며
알면서도 모른 척 웅크려야 한다
도공이여 우리는 서로 얼마나 닮았는가

떨어져 나갈수록 중심을 잡고
부서져 더 눈부신 생(生)의 진창 속
경계 넘어 활활 속이 탔으리라

어디서 가슴을 적시고 어떤 희망을 걸고
사람들은 허둥지둥 차에 오른다
누군가 해마다 찾아온 축제 벌판엔
사륵사륵 눈발이 날리고
온기가 스며드는 초겨울 송정리,
검은 비닐봉지 손에 꼭 쥐고
저마다 출구를 빠져나오는 따뜻한 군상들

백중날

영남루 기슭 무봉사
석가여래존불 돌부처 법당에 앉으셨다
칠월 보름 백중 영가 천도재에 붙여진
수많은 위패의 위엄 아래
조아린 보살님들
주지 스님 축원 보채를 하시고
천정 연꽃 연등 주소는 또 다른 세상
위패에 쓰인 많은 영가님
앉았는가 섰는가 조아리고 있는가
몸 밖으로 밀어내면 낼수록 고여 드는 잡념들
원주율의 속도로 흔들리며 돌아온다
내 키가 닿는 가장 높은 곳에
온통 날을 세우고 있는 무봉사의 나비 떼
돌부처님 발바닥에 입맞춤하며
그늘이 어둡다가 어둡다며 날갯짓 한다
몸을 낮추라고 바닥까지 내려가라 한다
촛불 피고 향불 지고
잠시 든 법당의 세계

일렁이는 소리로 부풀어진다
나는 사는 동안 그 말 듣지 않았고
가볍게 밥 떠먹고 살았다
이승의 끝 모서리 생각하면
발등이 자꾸만 가렵다

마타리꽃

낯선 길이 어둠을 끌고 왔다
가로지른 쇠 빗장이 조금씩 움직인다
녹슨 가슴을 누르는 동안
가장 높은 가지 곁에 그대가 앉는다
별로부터 송신이 된 새소리가
잠든 풀잎의 뒷면을 뒤집고
몇 개의 파편은 조각 끝에서 떨고 있다
두려운 발걸음이 닿은 이곳은
만장대 들머리 서재골,
살아있는 것들은 모두 가늘게 흔들린다
한 가닥 살점을 벗어주고
앉았다 날아가는 곤충들 그 끝에서
꽃의 눈은 더 눈부시다
저 혼자 아름다운 풀꽃에
언제부턴가 지평의 언저리는 무너져 내렸고
뿌리 깊은 것들은 이제 빛나지 않았다
바람의 갈피에서 무성히 살아나는 함성만이
그 옛날 분산성에 떨어진 여문 낟알들로 날아와

기다란 꽃, 꽃대 위에서
노란 눈물방울로 번지고 있다

물 이야기

누각 밑 아랫물이 강물이란다
빗물 고인 웅덩이
엄마가 뜬 정화수
소금 속의 바닷물
물에다 생을 풀고
모든 물을 버무려본다
저기 지나가는 낮 기차는
수십 세기의 당신을 싣고
꺼어억 긴 물을 쏟아냈다
모든 사물과 사람 사이에는 물이 흘러갔다
한 시절 길 열어주고 굽이져
그 사이에 물꽃이 피고 졌다
말갛게 씻긴 물이
새 울음소리 듣고 있는 중이다
실시간 음악과 밤비가
한 아이의 불우했던 눈물을 만들고 있다
너와 나에게도 울컥, 예각의 물 지나갔다
생은 뒤척이는 핏물이 되기도 했다

물소리는 거대한 오케스트라
악보 없이
지휘자 없이
비에 젖은 풀잎들 일어서게 했다

너의 눈동자에 눈부처로 복사된 나

너의 눈동자 안에 눈부처로 복사된 나

하지만 너는,
모른다

나뭇가지 하나가 가늘게 흔들린다
한 가닥 살점을 벗어주며
기침을 하며
얼굴 뒤에서 바라보는 너는
그 끝,
눈 속으로 반쯤 몸을 숨기며
보이지 않는 쪽으로 더 균형을 잡는다
한쪽 눈꺼풀이 어두운 내부를 열고
바람처럼 달려가고
공원엔 자귀꽃으로 눈부신
하늘만 열린다
잠시 뛰노는 아이들이
외기에 눈부신 7월

막막한 사랑 하나와
자라는 그림자는
시든 풀잎을 밟으며 뒤집으며
새의 한눈에
외기(外氣)에 갇혀 더 부시다
한밤중과 아침 사이
똑바로 커지는 시간의 동공*
그 끝,

너는 눈부처로 떨고 있다

---

*박주택 시인의 시 「시간의 동공」에서.

한 마리 새

가느다란 금줄 위에 앉았다
한밤중과 아침 사이
똑바로 날개를 펴는 새
돌 속으로 반쯤만 몸을 숨기며

보이지 않는 쪽으로 더 균형을 잡고
보이지 않는 쪽으로 열기가
어두운 돌의 내부를 열고 바람처럼 달려가고
(돌아오지 않고)

새의 한 눈은 외기(外氣)에 눈부시다
모과꽃 향기도 흘러가며
꽃등의 그늘에 엎디어 잠든다
무겁게 끌리는 한 장의 빛과 입맞춤하며
새의 가슴은 가장 낮은 하늘로 가라앉아
땅의 뿌리에 닿았다

새의 또 한 눈은 외기에 갇혀 더 눈부시다

금잔화

불볕을 마시고도
타버리지 않는 고고한 자태는
누구의 그리움으로 피어올랐지
사노라면 물 깊어지는 날이 있듯
고운 마음 받고 더 살고 싶을 때의
단순함도 가끔은 외로워지더라
그대 앞에 애잔해지더라
태양에 기대어 사는 그 몸짓
잠시 바람을 맞으며
빈자리 스쳐 일렁이는
울음이 되기도 했지
삶은 갈수록 쓸쓸한데
수많은 생각의 갈래마다 담금질 소리
주황빛 눈의 물결은 죄인 양
한 결로 일렁이며
애써 웃는 아이야

부도 직전

내가 옥죄며 오늘을 안고 사는데
거울 뒤편에서 바라보는 얼굴이
늘 불안을 만들다 없어진다
모서리를 달고 화를 잘 내는 사람은
파닥거리며 모든 것이 남의 탓인데
나는 낙천적으로 웃을 만큼
앞뒤 계산이 되지 않는다
아무것도 아닌 것이
혼불이 되어 솟고
맑고 고요한 눈알 한 송이
클릭하고는
뚝뚝 떨어지는 허무 가루를
등에 묻힌 채
울고 있는 아이와 철학자
누군가 날름 화난 표정으로
주위를 도려내기 시작했다
부도 직전인 네가
위태하게 걸어가는 꼬락서니며

알면서도 더욱 태연하자며
눈물겨운 꽃송이 하나를 위해
아무것도 아닌 나를 위해
기약 없이 오늘도 미라동*을 걷고 있다

---

*미라동: 닿을 수 없는 상상의 마을.

정전(停電)

컴퓨터가 돌아앉는다
아픈 데는 없는데
누군가 출입문을 쾅 닫는다
등 뒤에서 커다란 호랑나비
그림자인 두 손이 돌려 앉힌다
손을 들어 올려도 이미 손은 보이지 않아
아무도 손을 잡지 않으므로
손은 존재하지 않는다
쓰리거나 가렵지도 않다
어둠이 자리를 깔고
잠이나 자란다
아픈 데도 없는데
넋 나간 집은 어둠에 둥둥 뜬 침묵이다
우리 모두 정전
세포들이 문 잠그고 돌아앉는다

봄날의 오독(澳獨)

오월 아침 자듯이 떠나가신 이
보내는 차창 앞에 싸륵싸륵
이팝꽃 피어 있었지
어깨 위로 하얀 국화 송이
슬픔으로 솟아오르고
봄 햇살 뜨거운
자운영 핀 밭에 앉아
마음 깍지 끼고
사랑하는 가슴으로만
살기 힘든 세상,
이별은 항시 곁에 있어
가지런한 절망 같은 노래와
그리움이 강물 소리로 웅얼웅얼
꺼멓게 속을 태우는 봄
간밤 꿈에 성큼 걸어오시던
환한 그 얼굴
핏빛 그리움 되었네

먼 부처에게

부처 머리 위에서
웃는다 살짝
뒷걸음치며 대답해줬다
혼자이기에 우리를 사랑한다고
거실 벤자민에게 묻는다
부처를 죽이고 싶지 않으냐고,
목숨 다해 사랑하고
아직 그대로인 이유를 말해다오
담배 연기에 질식했습니다
차라리 풀 한 포기 없는
빈 뜰이 정갈합니다
우리는 마음이 비지 않아서
산다는 일이 고달픕니다
채워도 배부르지 않은
허기가 있듯 이제
고요히 어둠을 지켜볼 시간
벤자민 잎 아래서
안으로 한 발짝도 들어가지 않은 채

먼 데 한 번
눈 주지 못하고
생각 한번
멀리 던져보지 못하고
가까운 것만 소중한 듯
잡히는 것만 진실인 듯
시력을 잃고 마음을 잃고
무엇보다 자신을 잃은 채
그렇게 살았습니다

오늘도 묻습니다
먼 부처에게

버드나무

당신은 평생 바깥에서만 잘났습니다
울안에서는 누구도 알아주지 않는 당신이지만
큰 키로 안을 다 지켜보시는 당신을
감히 쳐다볼 수 없는 저를 용서해주세요
지난밤 세찬 폭우에 만신창이가 된 당신에게
나는 염치없이 가지에 눈물을 매달아놓고
더 큰 짐을 지게 했습니다

피아노

아이보리 꽃잎 수천 장
바람 소리에 날렸다
물결이 치다
희비가 엇갈리다
저음으로 진다
딸아이 손끝에 쌀알이 튀다
쇼팽이 불거져 나뒹구는
휴일 오후,
잠시 잠시나마
이게
사는구나 싶다

비어 있는 여자

라이브 카페에는
별이 총총 내린다
찾아 주세요
나의 80년대를
해가 뜨고 지는 일에는
순한 마음이다가
짓밟힌 기분에 울분하고
사람을 만나고 또
사랑하는 일
세상의 많은 것들
꾹꾹 눌러 참는 인내와
익숙해진 계절
그저 살아서
기다림으로 강을 건너다
드디어
오늘밤부터 지축을
흔들기로 했다
이 아침,

매일 다시 일어서는
사막의 노래를
그래도 내가 흔들리지 않도록
투명 리본 하나로 여며본다

강가에서

그날 강 속은 어지러웠다
빈속에 술 한 잔으로
키들키들 웃던 그 여자
시작도 끝도 보이지 않았다
수시로 얼굴 바뀌며 흐르는 물은
반듯한 길을 찾아가지만
늘 쓸쓸히 보내고 돌아와야 했다
강가에 앉아 슬그머니 나를 놓아버릴 때
깊어지는 고요 속에서
뭉클 내가 만져지는 순간
시린 발부리가 보였다
강물의 잰걸음에
눈 맑은 새들 튀어 오르고
더 가까이 끌어안고파
총총히 저무는 하루의 무게여
마음의 어두운 발치로는 도저히
가닿을 수 없는
저 보이지 않는 강물의 수심은

제4부

사람 속으로

바다 속으로 들어간 사람
바다 속 같은 사람 되었고
노래 속으로 들어간 사람
노래 같은 인생 살았다
저물녘 흘러가는 저 구름은
네 詩가 못되었고
오늘도 배고파 우는 아이는
울음으로 들어갔다
가난한 生으로 걸어가는 사람
가난으로 들어갔다
아파하는 이여 아픔으로 들어가라
털끝만치 그리움 남았다면
그리움으로 들어가라
굴레 속으로 들어간 사람
굴레 속으로 들어갔다
모든 것은 속으로 들어갔다
사람들 속으로 들어갔다
오늘도 속으로 들어간다

멍다리

삼 년 동안 여덟 번
꿈속의 어머니는 돌아가셨다
허물 수 없는 벽 속에 갇혀서
죽음의 꽃 그림자 하나
새벽이면 나를 멍들게 했다

목구멍에 칼을 내린
그 무섭던 병(病)
밤이면 돌아가는 자의 말소리가
물에 스며서
눈부신 살결로 도리질하고
집 구석구석 목을 놓고 주저앉는
꽃 같은 몸살은
산(山)을 뜯어와 가슴팍에 장문을 치곤 했다

밤이 없는 날은
내 살 속 깊이 반딧불을 달고
어머니의 죽음을 일으킬 때마다

칼에 맞아 죽을 나의 배반을
하나님께 용서 빌었다
이 붉은 죄(罪)
깊은 밤 잠결에도 병든 혼(魂)
두려워라, 꿈속에 누워 보는
죽음의 티눈 하나

오오, 새벽같이 무명(無明)의 돌다리를 건너가시던
안개 속의 어머니, 어머니

위양리* 가는 길

울 엄마가 푼 고봉밥에
쌀밥 꽃 피었다

괴로움 깊은
아버지
술밥 꽃 되었다

꽃대마다 핀
어머니의 눈물

이팝꽃 핀 오월이면
창자마다 배고픈
개울물이 흘렀다

온 동네가 아팠다

---

* 위양리: 밀양시 부북면 위양마을, 밀양팔경에 속하는 위양지가 자리함.

회화나무 250

김해시 동상동 1056-10번지. 지붕 덮은 돌우물 옆 노거수. 하늘에 걸친 가지가 호계로 중간까지 뻗었다. 4차선 도로를 통째로 점령한 이파리와 꽃잎들, 삶의 무게를 화르르 김해읍성 동문 밖에 뿌리고 있다. 마을 제사를 지냈었나. 나무 앞 막걸리 술병은 빙글빙글 나무 밑엔 의자 한 개 놓였다. 저물녘 비둘기 떼 둥지 찾아 떠나고, 호계로 거리마다 껍질처럼 흩어져 가는 바람 소리. 어제 오늘 우리가 걷고 있는 동상동이란 이름도, 도로명으로 부여되는 새 주소명에 사라져갈 운명인가. 허술한 生 몇 잔 술로 등 기대며 계절마다 흘린 눈물, 죽음으로 넘어지지 않게 붙잡은 신목(神木) 보호수 하나 외롭다.

억새풀 연서
—봉황대 언덕에서

억새풀 쓸려간 자리
오래오래 바라보지만
나는 움직일 수 없었습니다
누가 버린 것일까요
억새가 길이라면
노란 꽃 또한 가슴
미어지게 길을 트는 것
어디 있는지
먼 길에
상처에 핀 등꽃이 된다면
어둠 속에서
당신 환한 얼굴
볼 수 있다면
만 리 밖 귓가에 작은 떨림으로
닿는다면
내 울음이 당신 뺨을 쓰다듬어
당신 더 환하게 빛난다면
거기, 그렇게 가만

가만히 있어도 좋겠지요
그 자리
그저 바라볼 수 있다는 것
이 가을, 억새꽃이 틔었습니다
억새는 부드럽게
쓰러지는 방법을 이미 알고 있었습니다

미란(靡爛)과의 대화

아이는 밥통을 달고
젓가락 소리 달그락거리며
추운 날 산 고개 넘어 갔습니다
매서운 바람에 얼굴이 쓰립니다

그리움은 형체가 없지만
달그락 달그락 소리를 내고
살갗은 문드러져 쓰리고 아파
매일 약을 먹고 살아야 합니다

태어남은
붉은 밥통을 달고 세상 밖으로 버려지는 것

투시경으로 바라본 우리들 밥통 앞에
심각한 듯
의사는 그네를 타고
한문 용어 두 글자를 보여줍니다

생각해보세요
미란은 별것 아닙니다
보이지 않는 내부의 쓰림이 어찌 붉을 것입니까
모르는 소리 그만해요
만남은 기쁨의 통증
이별은 슬픔의 통증이 있습니다

사는 것은 쓰리고 아파
누구에게나 미란(靡爛) 증세가 있습니다
환자님 이제 걱정 마세요
돌아가서 실컷 김치 드시고
죽을 만큼 아프면
밥통을 뒤집어버리세요

집 무덤

그는 내게 늘 불안한 존재이다
으슥한 골목에서 걸어 나오는 불량한 남자처럼
어둠의 냄새 같은 그는
내 안에 큰 무덤을 지었다
가끔 집안을 들쑤시고 식구를 긴장시킨다
그는 이 집안에서 일방통행이다
그가 낸 길로 아무 말 없이 지나갈 수밖에 없다
오늘도 무덤에 들어간 나는
눈을 꼭 감는다

사과를 먹으며

사과를 쥐고 껍질을 벗긴다
한입 깨물면
고여 드는 단물

잘 익은 볕에
나를 꺼내고 허물을 던진다
내 속으로 삼키려는 땀방울이
식도를 따끔거린다

나는 시간의 강판에 사과를 간다
뿌연 눈물이 새콤한 즙에 젖고
정갈한 씨앗들은
돌아올 그날을 준비한다

또다시 나는
술렁이는 아침을
토해내고 있다

삼계로51번길

유월 아침, 버찌가 객혈할 때
버찌나무의 똥파리가 쪽빛을 발한다
삼계로51번길에
장맛비가 내리고
모텔촌은 춤을 춘다
불법 좌회전을 밥 먹듯 하는 사람들은
모텔로 들어가지 않는다
맞은편에 선 나는
이층 맑은 유리창에 얼굴을 묻고
잠시 졸음을 얹는다
국적 없는 벌레들이 교미하다
불을 켜면 제풀에 떨어진다
한낮의 태(胎)로부터 태어난 날개들
제 그리움에 쫓겨
불빛의 덫에 머리가 아프다
나는 홀로 의자에 앉아
언제부턴가 시간을 세고 있다
던져두었다 다시 읽는 시집처럼

남루한 생활에 잘 견딘다
삼계로51번길에 들어서는 사람은 누구나 불을 끈다
불 끈 자리에 에워싸는 어둠에도 낯이 익으면
밝은 그들이 보인다
어둠에 날개를 비비며 날아오르는 것들이
밤의 유영에 익숙해지고 마는 저 힘찬 팔들이
출구를 빠져나간다
오늘은 너가
마음 있어 서성거리고 있지 않은가

시장통 속옷 가게

밀양강 다리를 건너 전통시장을 들어서니
타임 투 세이 굿 바이~
이 음악을 따라 가니 속옷 가게 앞이다
가게 앞에 놓인 낡은 의자에는
스피커가 놓여 있고
문 앞에는 여성 속옷이 즐비하다
특별할 일도 없이 여기는
아버지 파자마 같은 시간이 흐르고 있다

비닐 위에 반짝거리는 저 물은
누가 버린 것일까
물 위로 반사된 여성 팬티 한 장이
행인의 발에 툭 차인다
주위를 둘러보면 뽕짝이 터질 듯하건만
지나는 사람을 오게 하는 저 마력은
호기심투성이 나는 그저 지나칠 수 없었네

진홍빛 나팔꽃을 휘두르고 서 있는

저 야한 여인은 누굴 기다리고 있는지

클래식을 틀어놓은 세월이 몇 년째라는
조신한 인상의 여 주인장, 써억 반기며
차 한 잔을 내준다

끈처럼

—詩라는 괴물을 그리며

밤은 어김없이
브래지어 끈처럼 연결되어 밀려온다
어찌하여 한 방향만 바라보나
상처만 주는 밤
너는 독이다
핏물 들린 저 꽃에는
날마다 부고장이 꼽힌다!
너덜너덜한 마음이
울음인가 살아 움직이는가
내숭 떠는 자세가
눈물겹지 않은가
푹 삶은 애증인가
내려가고 없는 곳에
왜 여기에 서성이는가?
비루함에 여려
버리지를 못하고
즐거울 것 없는 대화 속에
아직 사랑이 남았는가

밤은 끊임없이 견줄 것이다
틈만 나면 새나가는
부랑아의 눈빛으로
빠져나갈 것이다
날이 새면 어떻게 해,

그럴 수
그럴 순 없다

그곳은 금지!

수신자 00
북쪽에 사는 사람이라며
문자가 왔다
음력 시월 보름 날자가 찍힌
한 해가 다 된 아침
외출금지! 조심해! 라며
이곳은 저곳에게 금지되어 있다
그 길은 이 길에게 금지되어 있다
너는 어디에 있는가?
날줄과 씨줄로 자세히 구분된 지도를
아무리 들여다봐도 그곳은 없다
그곳은 너무 세분되어 보이지 않는다

개암나무 열매처럼,
몇 점 단단한 핏방울 매달며
안개 속으로 나는 걸어들어 갔다
잠깐 낮잠 사이로
꿈은 날개를 달고 모든 금지된 계곡을 넘어간다

꿈은 날개를 펄럭이며 끝없이 날아
모든 금지된 계곡을 넘어간다
어두운 방의 거울 앞에서처럼
저 너머에서 마주 다가오는
금지된 사람과 마주치기 위하여
(조심해, 동산을 지나간다)
엄마, 엄마~ 목멘 아들이 부르는 소리
낮잠에서 깨어난 가을날의 해프닝!

개나리 안부

개나리 차창으로 비치는
창가에 앉아
서럽게
서럽게 울던 사람아

기억의 방마다 불을 밝히는
형(兄)과의 작별의 시간
어떤 악령도 바람의 손에 자고
산은 묘한 음향의 퉁소를 불었다

아무도 보는 이 없는 세상을 살다가
당산제 나무 세의 달빛으로
묵묵부답 바람 되어
지금, 어디쯤 가고 있는지
알 수 없는 이 길의 기도와 찬송은
안개 낀 거리의 구지심인가

그대 떠나는 차창으로 하염없이

봄꽃은 피고
흙이 비치고
산빛이 제 목숨 놓아가는 영마루
그 너머 하늘가에
우리는 슬픈 인간의 얼굴이 되어 섰다

무심코

새는 지절대다 모과꽃 속에 숨었다

당신은 내 속에 들어갔다

산다는 것은 결국 누군가에게 말려들어 가는 것

해설

틈새에서 스며 나오는 말들

박지영 시인·문학평론가

1.

시는 이 세계와 저 세계를 연결해주는 다리와 같다. 시인 스스로가 무의식적 언어를 의식적 언어로 표현해내는 것도 이 세계와 저 세계를 잇는 가교 역할을 수행하는 일이라 할 수 있다. 이윤 시인의 시집 『무심코 나팔꽃』을 두고 이리저리 궁리하다가 나는 그것을 해석해내는 것이 내 임무라는 것을 알았다. 프로이트는 꿈이란 꿈꾼 사람이 의식하지 못하는 심리 내부의 소원 충족이라며 꿈을 통해 무의식에 접근해볼 수 있다고 했다. 정신분석은 논리적인 전개로 무의식을 체험해보는 것이다. 꿈은 무의식의 형성물로서 언어가 없었다면 무의식에 접근할 수 없었을 것이다. 이윤 시인의 꿈과 언어

표현을 가지고 그녀의 심리에 다가가 보자.

삼 년 동안 여덟 번
꿈속의 어머니는 돌아가셨다
허물 수 없는 벽 속에 갇혀서
죽음의 꽃 그림자 하나
새벽이면 나를 멍들게 했다
…(중략)…
밤이 없는 날은
내 살 속 깊이 반딧불을 달고
어머니의 죽음을 일으킬 때마다
칼에 맞아 죽을 나의 배반을
하나님께 용서 빌었다
이 붉은 죄(罪)
깊은 밤 잠결에도 병든 혼(魂)
두려워라, 꿈속에 누워 보는
죽음의 티눈 하나

—「명다리」 부분

"명다리"는 아이가 태어나면 명(命)을 늘이기 위해 명주나 무명 헝겊에 생년월일과 이름을 적어 실타래로 감싸 무당에게 바치는 행위다. 어린아이의 수명장수를 위하여 무녀에게 아이를 파는 민간 신앙이다. 그런데 시인은 아이러니하게도 어머니를 위해 "명다리"를 떠올린다. 제목에서는 병을 살게 하고자 하면서 반대로 어머니가 돌아가시는 꿈을 꾸니 말이다.

"삼 년 동안 여덟 번/꿈속의 어머니는 돌아가셨다" 화자는 삼 년 동안 여덟 번이나 같은 꿈을 반복해서 꾸었다고 한다. 반복해서 꿈을 꾸는 이유는 그 꿈이 이루어지지 않았기 때문이다. 그런 꿈은 악몽이다. 꿈은 또 다른 내가 나에게 보내오는 편지와 같아서 꿈을 해석하지 않으면 꿈을 해석할 때까지 계속 보내온다고 한다. 화자가 계속해서 어머니가 돌아가시는 꿈을 꾼다는 것은 그 소원이 이루어지지 않아서이다. 무의식은 의식화하기 어려운 기억이지만 계속 의식화하려고 하는 경향이 있기 때문에 꿈으로 변형되어 나타난다. 꿈은 각성상태에서 소원충족의 기능을 한다.

꿈을 해석해보면 "어머니는 돌아가셨다"라는 발화문 뒤에 '내가 소원하던 대로' 어머니는 돌아가셨다가 된다. '내가 소원하던 대로'란 말이 발화문 뒤에 숨어 있는 것이다. 현실에서 어머니는 살아계시고 화자는 소원을 환각적으로라도 이루기 위해 꿈을 반복적으로 꾼다. 하지만 화자는 꿈을 꾸고 놀라서 자다가 깨어 어떻게 '내가 이런 꿈을 꾸었지' 하며 죄의식에 사로잡힌다. "어머니의 죽음을 일으킬 때마다/칸에 맞아 죽을 나의 배반을/하나님께 용서 빌었다/이 붉은 죄(罪)"라며 자신의 죄에 대해 탄식하고 있다. 화자가 왜 이런 꿈을 꾸게 되었을까?

어머니는 화자에게 무엇인가를 금한다. 선[1]을 그어놓고 넘어가지 말라고 한다. 「명다리」는 여성의 오이디프스 구조를 잘 보여주는 중요한 작품이다. 남자와 여자의 구조가 달라지는 시점이 있다. 아기가 세상에 태어나서 처음으로 만나는 사람은 어머니(나의 욕구를 충족시켜주는 자)이다. 아기는 어머니와 2자 관계에서 제3의 인물인 아버지가 개입되면서 3자 관계가 된다. 그런데 남자아이는 아버지를 미워하면서 오이디프스 콤플렉스에 빠지고 여자아이는 아버지에게 애착을 가지면서 엘렉트라 콤플렉스에 빠지게 되는데 그 구조가 「명다리」에 잘 나타나 있다.

2.

이윤 시인은 「가을 창문」을 표제시로 놓았다. 시인이 비중있다고 생각하는 작품을 맨 앞에 둔다고 가정할 때 시인이 「가을 창문」을 표제시로 선정했을 때는 이유가 있을 것이다. 금이 간 유리창이 와장창 깨지는 소리를 키우고 있다며 균열되고 파편화된 것들이 현대인들의 내면의 파편화된 심리를 보여주는 것 같다.

---

1) 프로이트가 말하는 아버지의 이름(아버지의 법)의 상징적 은유를 말한다.

금 간 유리창에 고추잠자리가 입맞춤한다
안을 들여다보던 그림자가 우물쭈물하고 있다
세상은 창문으로 다 볼 수 없었고
유리창 밖에서 일어나는 일들은 생각보다 복잡했다

안개비에는 모서리가 없다
세월은 여러 토막으로 끊어지고
손때가 닳은 저녁이 어스름 볕에 깎인다
살아있는 것들은 모두 창 앞으로 몰려온다!
창밖에는 새로 돋아난 달이 몸을 비비고 있다

어둠이 몸을 들이미는 시간
창 앞에 오래 서 있어 본 사람들은
가슴속에 저마다의 무늬를 가진다
접촉 불량의 창문은
와장창 깨지는 소리를 키우고 있다
금 간 유리창에 얼굴을 갖다 대면
오늘과 내일을 모르는 사람처럼 등을 돌린다

—「가을 창문」 전문

"살아있는 것들은 모두 창 앞으로 몰려" 오지만 다 볼 수는 없다. "금 간 유리창에 얼굴을 갖다 대면/오늘과 내일을 모르는 사람처럼 등을 돌린다"며 금 가고 파편화된 유리창으로는

밖을 제대로 내다볼 수 없다. 사람도 마음에 금이 가면 금 간 유리창과 다를 바 없다. 이번 시집에서 시인은 유독 "금, 선, 틈"에 대해 많이 언급하고 있다. 선이나 금을 그어놓으면 이쪽과 저쪽이 생기게 된다. "한쪽은 볕이고 한쪽은 그늘"(「이분법」)이 되게 마련이고 "이곳은 저곳에게 금지되어" 있는 곳이며 "그 길은 이 길에게 금지되어 있"다고 '선, 금'에 대해 진술하고 있다.

무엇인가 바닥에 닿을 때
물결이 인다는 걸
너는 알았다
선을 따라가는 것을
모르고 살았을 때
바람은 멀리서 불어왔다
누가 보았을까
간결한 몇 개의 **선**들이
깊고 긴 사물의 잠을 토닥이는 것을,
그것은 말하지 않아도 당당하게 빛나며
제 속의 불길을 가른 **선**들이
집으로 가는 길 위에
한 옥타브씩 낮아진 발걸음들이 와 닿는다
잠시 후 길은 지워지고
눈부시게 갈라진 틈 사이에서

자지러질 듯 웃음소리 빠져나간다

—「파문 1」 전문 (필자 임의로 굵게 처리함)

"선을 따라" 사는 것은 윤리, 도덕, 법을 지키며 살아가는 것을 말한다. "선을 따라가는 것을/모르고 살았을 때/바람은 멀리서 불어왔다"는 말을 풀이하자면 선을 의식하지 않고 살 때는 죄의식을 느끼지 않았으나 선을 의식하고부터 죄의식에 민감해지게 되었다는 의미이다. 아담과 이브가 사과를 따 먹고 죄의식과 부끄러움을 느끼게 된 것과 같은 맥락이다. "제 속의 불길을 가른 선"이란 화자의 욕망을 억압하는 초자아의 기능이다. 한편 시인은 그냥 지나치지 않고 갈라진 "틈"에 대해서도 진술하고 있다. 금이나 선이 벌어져 균열된 틈은 넓은 의미에서 금지와 욕망으로 연결된다. "눈부시게 갈라진 틈 사이"라고 하듯 화자는 그 미세한 틈을 놓치지 않는다. 이 "틈 사이"가 바로 대상 a[2])가 빠져나간 구멍이다.

화자가 보여준 선과 금과 틈을 살펴보면 "동네 노란 담장마다 그어진 금들"(「흰 새」), "쥐들이 넘나드는 틈새마다"(「빈 집」), "오래된 벽 누런 신문지 사이로/분리된 금 하나/그 틈새로"(「무진이」), "거미와 쥐들이 많은 틈바구니를 만들 때"(「옛

2) 대상 a란 부분대상으로 구강 욕동, 시각 욕동, 청각 욕동, 항문 욕동을 지칭하고 있다.

집」), "공터에 내다버린 폐기물들이 금 간 틈새로/깊숙이 묻어둔 전쟁 소리를 내고 있었다"(「문 너머 나팔꽃」) 등에서 틈에 대해 말하고 있다. 이 틈들이 곧 욕망의 자리이다.

이곳은 저곳에게 금지되어 있다
그 길은 이 길에게 금지되어 있다
너는 어디에 있는가?
날줄과 씨줄로 자세히 구분된 지도를
아무리 들여다봐도 그곳은 없다
그곳은 너무 세분되어 보이지 않는다

개암나무 열매처럼,
몇 점 단단한 핏방울 매달며
안개 속으로 나는 걸어들어 갔다
잠깐 낮잠 사이로
꿈은 날개를 달고 모든 금지된 계곡을 넘어간다
꿈은 날개를 펄럭이며 끝없이 날아
모든 금지된 계곡을 넘어간다
어두운 방의 거울 앞에서처럼
저 너머에서 마주 다가오는
금지된 사람과 마주치기 위하여
(조심해, 동산을 지나간다)
엄마, 엄마~ 목멘 아들이 부르는 소리

낮잠에서 깨어난 가을날의 해프닝!

―「그곳은 금지!」 부분

화자가 금지를 넘어가고 싶어 하는 이유가 위의 시에 잘 나타나 있다. "이곳은 저곳에게 금지되어 있다/그 길은 이 길에게 금지되어 있다" 그러나 갈 수 없는 저곳을 화자는 꿈에서 넘어가려고 한다. 날개를 달고 금지된 계곡을 넘어 끝없이 날아간다. 화자가 그토록 금지를 넘어가고자 하는 이유는 "금지된 사람과 마주치기" 위해서다. 현재형의 시제도 의미하는 바가 없지 않다. 그러나 꿈에서도 그에게 가는 것은 금지된다. 아이가 '엄마' 하고 부르는 소리에 그만 가지 못하고 깨어나고 만다. 화자에게 그토록 억압되어 있는 금지된 사람이란 누구일까?

사람들은 자신에게 없는 것을 욕망한다. 욕망은 곧 결핍이다. 분열된 주체 그 틈으로 대상 a가 떨어져 나간다. 부분대상은 우리가 가지지 못한다. 그래서 우리는 가슴 도처에 구멍이 뻥뻥 뚫려 있다고 여긴다. 그 구멍을 메우기 위해 꿈은 상징계로 이동하게 된다. 이윤 시인의 꿈의 배꼽에는 무엇이 있다. 그 배꼽에는 무의식적 소원이 연결되어 있는데, 무의식은 멀리 있는 것이 아니라 언어 표현 속에 있다. 금지된 사람이란 사랑해선 안 되는 사물(La chose)로서의 큰 타자(Autre)를 말한다. 이윤 시인에게 큰 타자로서의 아버지는 실

재하는 아버지가 아니라 상상 속의 아버지이다.

3.

이윤 시인의 시에서는 특이하게도 입과 연관된 물질적 상상력이 두드러진다. '핥다', '빨아먹다', '이빨자국', '질겅거리다', '목젖을 간질이다'는 다 구강과 관련된 말이다. "바람이 솜사탕을 핥는다"(「병마개」), "4시의 태양이 분양가를 핥는다"(「내성」), 비바람이 몰아쳐 온몸이 비에 젖어드는 것을 "수천수만 개의 혀가 나를 핥는다"(「가을비 2」)며 에로틱하게 표현한다. 다음 시에서 더 구체적으로 입 안에서의 느낌을 굴리고 있다.

입 안에서 씹히는 **봄은 쫀득거린다**
하얀 삐비꽃은 **목젖을 간질이고**
침을 받아들여 껌이 되는 순간
혀 위에는 한 덩이의 말랑거리는 우주가 굴러다닌다
껌은 여름을 견디기 위해 제 몸을 쭉쭉 늘어뜨린다
매미 울음은 극성스럽게 플라타너스에 달라붙고
지친 여름이 단물 빠진 **껌처럼 질겅거린다**
열대야로 뒤척이던 나뭇잎들은
여러 날의 불면을 보낸 뒤에
다른 색(色)을 받아들일 준비를 하고

시간은 서늘한 갈피 사이로 봄을 끼워 넣는다
아파트 담벼락 밑에 오종종 핀 싸리꽃
가을 하늘은 풍선껌처럼 둥글게 부풀고
풍선이 터지자 하얀 눈이 쏟아졌다
사계절의 **이빨 자국**을 모두 받아낸 껌은
딱딱한 공깃돌 되어
혀 위에서 끊임없이 굴러가고 있다

—「껌」 전문 (필자 임의로 굵게 처리함)

화자는 어린 시절 들로 산으로 뛰어다니면서 삐비꽃을 따 먹던 기억을 껌과 결부시켜 입 안에서 쭉쭉 늘려보기도 하고 질겅거리기도 하면서 언어의 물질성을 잘 살려낸다. '쫀득거리다, 간질이다, 말랑거리다, 질겅거리다'는 입과 연관되어 있는 말들로 상당히 관능적이다. 삐비꽃을 따서 씹어 먹으면 껌처럼 쫀득거리고, 목젖을 간질이고, 혀 위에는 한 덩이의 말랑한 우주가 되다니, 이 말들은 구강 욕동을 담고 있어 화자의 구강기의 고착을 보여준다.

더 구체적으로 「페르시안 블루 입술」에서 "밤이슬을 빨아 먹고 있을 때"라던가, "불온했던 이십 대의 청춘은/입술이 먼저 피고 말았다"라는 구절에서 구강 욕동이 성적으로 발전해 가는 것을 볼 수 있다. 소크라테스는 이미 인간은 자기에게 없는 것을 욕망한다며 욕망의 전제조건은 결핍이라고 말했었다. 욕망은 존재결핍과 소유결핍 모두를 결핍시킨다. 그래서 결핍은 그리움을 불러일으킨다.

머리카락 위로 밤비가 앉는다
똑. 똑. 똑. 손등에 빗방울이 떨어진다
길을 걸으며 나는 물의 건반을 두드린다
목백일홍 피어 있는 샛길로 첫사랑이 떠나고
놓쳐버린 기억들이 나와 함께 걷고 있다
허름한 술집에서 중년남자들이 기울이는 술잔에
뒷모습이 쓸쓸한 사람이 출렁이고
그는 낯익은 듯 내 곁을 떠돌다 가곤 했다
눈물 자국이 자꾸 재채기를 일으킨다
건조한 내 몸을 향해 들이치는 비바람
수천수만 개의 혀가 나를 핥는다
자동차들이 일렬로 주차한 곳을 지나자
오목하게 패인 그리움이 서 있다
절박하게 따라오던 가을비가 멈춰 선다

—「가을비 1」 전문

"오목하게 패인 그리움"에서 선과 금과 틈을 아우르는 오목한 구덩이에 물이 찰방이는 대신에 시인은 그리움이 서 있다고 한다. 그리움은 형체가 없지만 "달그락 달그락 소리를 내고"(「미란(靡爛)과의 대화」), "강물 소리로 웅얼웅얼/꺼멓게 속을 태우는"(「봄날의 오독(澳獨)」) 거라고 한다. 화자의 그리움은 막연한 것으로 어떤 대상이 구체적으로 있는 것이 아니라 상상의 대상이다. 그리움의 대상마저 오목하게 패여 있다는 말에서도 틈과 구멍과 연관되어 있음을 알 수 있다. 틈이나 구멍은 말과 육체 사이의 욕망의 공간이다. 그 공간은 비어 있다.

4.

집이 감옥이라는 말은 더러 들어보았으나 집이 무덤이라는 말은 처음 접하는 것 같다. 집이 무덤이라니 너무 가혹하다. 무덤은 죽은 자를 모시는 공간이지 않은가. 집에 들어가면 기운도 쇠잔해지고 모든 것이 정지되어서 죽은 자처럼 행동한다는 말이다. 무덤이라는 말에 암울해지고 온몸이 굳어진다.

그는 내게 늘 불안한 존재이다
으슥한 골목에서 걸어 나오는 불량한 남자처럼
어둠의 냄새 같은 그는
내 안에 큰 무덤을 지었다
가끔 집 안을 들쑤시고 식구를 긴장시킨다
그는 이 집 안에서 일방통행이다
그가 낸 길로 아무 말 없이 지나갈 수밖에 없다
오늘도 무덤에 들어간 나는

눈을 꼭 감는다

—「집 무덤」 전문

집에는 언제 어떻게 폭탄을 터트릴지 모르는 그(남편)가 있어서 식구들은 모두 긴장하고 있다. 그의 말은 곧 법이라 거스르지 못하고 일방통행로를 따라 온 가족이 군소리 없이 갈 수 밖에 없다. 불량한 그가 집을 어둠의 냄새를 풍기는 큰 무덤으로 만들었다는 것이다. 시인은 그 집 무덤에 들어가며 안 보려고 눈을 감는다고 한다. 근데 어둠의 냄새는 어떤 냄새가 날까. 하지만 무덤 같은 집에서도 간혹 훈훈한 가족애를 느껴볼 때가 더러 있다. 딸아이가 휴일 오후 쇼팽의 피아노곡을 연주하는 소리를 들을 때면 "잠시나마/이게/사는구나 싶다"(「피아노」)고 한다. 시인의 시에 더러 땅 위에 몸을 누인다는 구절들이 보인다. "비는 땅 위에 젖은 몸을 슬며시 뉜다"(「장맛비」), "흙 위에 눕는 꿈을 꾸어도 볼 텐데"(「빈집」), "더러 흙 위에 눕는 꿈을 꾸었다"(「옛집」)라는 구절과 「집 무덤」에서 죽음의 욕동을 짚어볼 수 있다.

이윤 시인은 갈비뼈 사이에 생긴 연골 섬 때문에 아픔과 고통을 감내하면서 살아선지 삶에 대한 깊은 사유가 눈길을 끈다. "사노라면 물 깊어지는 날"(「금잔화」)이 있고, "도저히/가닿을 수 없는/저 보이지 않는 강물의 수심은"(「강가에서」) 등의 표현에서 서정의 맛이 물씬 난다.

새는 지절대다 모과꽃 속에 숨었다
당신은 내 속에 들어갔다
산다는 것은 결국 누군가에게 말려들어 가는 것

—「무심코」 전문

「무심코」는 간결하지만 시인이 하고자 하는 메시지가 담겨 있다. 산다는 것은 일방적으로 누군가에 말려들어 간다기보다 서로에게 말려들어 가는 것 아니겠는가. 누구에게나 삶이란 선 위에서 한쪽을 선택해야 하는 갈등의 연속이지만 특히 이윤 시인에겐 '선과 금'이 많은 억압으로 작용했던 것 같다. "시력을 잃고 마음을 잃고 무엇보다 자신을 잃은 채"(「먼 부처에게」) 살아온 시인이 그런 것을 뛰어넘어 뒤늦게 시를 쓰면서 마음을 다잡아가는 모습을 엿볼 수 있다. 시를 쓰는 것은 틈(욕망)을 메우기 위함이며, 나를 찾아가는 길이다. "나 어디로 흘러가"(「자귀꽃」)는가를 살피게 되고, "살아있는 것들은 모두 가늘게 흔들"(「마타리꽃」)린다는 것을 터득하며 연민도 느낀다. 그 연민의 힘으로 자신을 다독이고, 중심을 잡아 제자리로 돌아올 수 있게 한다. 시인은 시가 틈으로 빠져나가는 것을 두고 볼 수 없어 "그럴 수/그럴 순 없다"며 시(詩)에 대한 애착을 드러낸다. 첫 시집에서 참말, 진실을 풀어내는 데 따른 고통도 맛보았을 것이며 한편으로 시를 쓰는 기쁨도 누렸으리라 본다. 이윤 시인이 앞으로 시의 길로 더 깊이 천착해 들어갈 수 있으리라 본다.

이 도서의 국립중앙도서관 출판시도서목록(CIP)은 서지정보유통지원시스템 홈페이지(http://seoji.nl.go.kr)와 국가자료공동목록시스템(http://www.nl.go.kr/kolisnet)에서 이용하실 수 있습니다.(CIP제어번호: CIP2017020648)

문학의전당 시인선 0266

무심코 나팔꽃

초판 1쇄 인쇄 2017년 8월 21일
초판 1쇄 발행 2017년 8월 28일
지은이 이윤
펴낸이 고영
책임편집 서윤후
디자인 헤이존
펴낸곳 문학의전당
출판등록 제2017-000002호
주소 서울시 마포구 마포대로 11길 91, 3층
전화 02-852-1977 팩스 02-852-1978
전자우편 sbpoem@naver.com

ISBN 979-11-5896-333-0 03810

* 이 시집은 2017 경남문화예술진흥원 문화예술지원금을 보조받아 제작되었습니다.